Den Fortryllede Græskar Mark: Engelsk-danske fortællinger for børn

Coledown English

Published by Coledown English, 2023.

DEN FORTRYLLEDE GRÆSKAR MARK: ENGELSK-DANSKE FORTÆLLINGER FOR BØRN

First edition. October 19, 2023.

ISBN: 979-8223058014

Written by Coledown English.

Table of Contents

The Pumpkin's Mysterious Midnight Parade

Once upon a Halloween night in the enchanting village of Moonlit Grove, there lived a curious young boy named Oliver. He had a fascination for all things mysterious and magical. This Halloween, he had a special plan in mind. He decided to follow the twinkling fireflies into the moonlit woods, where he had heard whispers of a legendary pumpkin's magical midnight parade.

As the moon rose high in the inky sky, its silver beams illuminated the path to the forest. Carrying his lantern shaped like a glowing ghost, Oliver embarked on his adventure. The woods were silent, except for the rustling of the leaves and the occasional hoot of an owl. The air was thick with excitement, and he couldn't help but feel a shiver of anticipation.

After a while, the fireflies led Oliver to a small clearing. There, standing in the center of a circle of toadstools, was the most enormous and perfectly round pumpkin he had ever seen. It was nearly as tall as Oliver himself and had a wide grin carved into its orange flesh.

The pumpkin's grin seemed to grow wider, and Oliver noticed that its eyes were two shining emerald gems. The pumpkin began to speak in a voice that sounded like rustling leaves and crackling fire. "Welcome, young adventurer. I am Jack, the guardian of

Moonlit Grove. Tonight, you have the privilege of witnessing our magical midnight parade."

With those words, the ground rumbled, and from beneath the earth, a host of peculiar creatures emerged. There were mischievous goblins, elegant witches on broomsticks, and dancing skeletons with xylophones for ribs. They formed a wondrous parade, marching to the rhythm of a ghostly band playing spectral tunes on ethereal instruments.

Oliver, eyes wide with wonder, joined the parade as it snaked through the forest. The creatures beckoned him to follow, and he soon found himself dancing with friendly phantoms and casting spells with enchanting fairies. The night was alive with laughter and magic.

As they ventured deeper into the woods, they arrived at a luminous glade where a spectral carnival had taken shape. There were ghostly Ferris wheels, cotton candy clouds, and merry-go-rounds made of moonlight. The pumpkin Jack transformed into a dashing magician and performed tricks that defied gravity. The moon itself shone like a silver coin, casting a gentle glow on the revelry.

But as the night wore on, Oliver noticed that the pumpkin's grin was slowly fading. He approached Jack, who had returned to his place in the clearing. "What's wrong, Jack?" he asked.

Jack sighed and spoke in a somber tone. "I guard Moonlit Grove to keep the magic alive, but it's fading with each passing year. I fear that soon, the world will forget the enchantment of Halloween, and this magical parade will vanish forever."

Oliver, filled with determination, had an idea. "What if I promise to keep the memory of this night alive, to tell tales of the pumpkin's magical midnight parade to all who will listen? Maybe that way, the magic won't fade."

The pumpkin's grin slowly returned, brighter than ever. "A promise like that from a brave young soul like you is magic in itself."

As the night drew to a close, Oliver left the enchanted forest, but he carried the memories of that wondrous Halloween night in his heart. He shared the story of the pumpkin's magical midnight parade with his friends and family, ensuring that the magic of Moonlit Grove would live on in the hearts of all who heard it.

And so, Halloween after Halloween, children in Moonlit Grove would follow the fireflies into the forest, and the legend of the pumpkin's magical midnight parade continued to shine, brighter than any jack-o'-lantern in the moonlight. It was a reminder that the enchantment of Halloween would never fade as long as there were curious souls like Oliver to keep the magic alive.

Den Mystiske Midnatsparade med Græskarret

Engang, på en halloween-nat i den fortryllende landsby Moonlit Grove, boede der en nysgerrig ung dreng ved navn Oliver. Han havde en fascination for alt, der var mysteriøst og magisk. Denne halloween havde han en særlig plan i tankerne. Han besluttede sig for at følge de funklende ildfluer ind i de månelyse skove, hvor han havde hørt hvisken om en legendarisk græskars magiske midnatsparade.

Mens månen steg højt op i den kulsorte himmel, oplyste dens sølvstråler stien ind i skoven. Med sin lygte formet som en glødende spøgelse begav Oliver sig ud på sit eventyr. Skoven var stille, bortset fra raslen af bladene og lejlighedsvis uglegliden. Luften var fyldt med spænding, og han kunne ikke lade være med at mærke en gyse af forventning.

Efter et stykke tid førte ildfluerne Oliver til en lille lysning. Der, stående midt i en cirkel af fluesvampe, var det mest enorme og perfekt runde græskar, han nogensinde havde set. Det var næsten lige så højt som Oliver selv og havde et bredt smil skåret ind i sin orange kød.

Græskarrets smil syntes at blive bredere, og Oliver bemærkede, at dens øjne var to skinnende smaragdgrønne ædelstene. Græskarret begyndte at tale med en stemme, der lød som raslende blade og knitrende ild. "Velkommen, unge eventyrer. Jeg er Jack, beskytteren af Moonlit Grove. I aften har du den ære at overvære vores magiske midnatsparade."

Med de ord rystede jorden, og fra under jorden dukkede en flok sære skabninger op. Der var drillende trolde, elegante hekse på koste og dansende skeletter med xylofonribben. De dannede en vidunderlig parade og marcherede til rytmen af et spøgelsesband, der spillede spektrale melodier på ethere instrumenter.

Oliver, med øjne vidt åbne af forundring, sluttede sig til paraden, da den snoede sig gennem skoven. Skabningerne vinkede ham til at følge med, og han fandt sig snart selv danse med venlige spøgelser og kaste trylleformularer med fortryllende feer. Natten var fyldt med latter og magi.

Da de fortsatte dybere ind i skoven, ankom de til en lysende glæde, hvor en spøgelsescarnival havde taget form. Der var spøgelsesagtige pariserhjul, sukkerspindsskyer og karruseller lavet af månelys. Græskarret Jack forvandlede sig til en flot tryllekunstner og udførte tricks, der trodsede tyngdekraften. Månen selv skinnede som en sølvmønt og kastede et blidt skær over festen.

Men som natten skred frem, bemærkede Oliver, at smilet på græskarret langsomt begyndte at falme. Han nærmede sig Jack, der var vendt tilbage til sin plads i lysningen. "Hvad er der galt, Jack?" spurgte han.

Jack sukkede og talte i en dyster tone. "Jeg vogter Moonlit Grove for at holde magien i live, men den falmer for hvert år, der går. Jeg frygter, at verden snart vil glemme halloweenens fortryllelse, og denne magiske parade vil forsvinde for evigt."

Oliver, fyldt med beslutsomhed, havde en idé. "Hvad nu hvis jeg lover at holde mindet om denne nat i live, at fortælle historier om græskarrets magiske midnatsparade til alle, der vil lytte? Måske vil magien ikke falme."

Smilet på græskarret vendte langsomt tilbage, endnu skarpere end før. "En sådan tilsagn fra en modig ung sjæl som dig er i sig selv magi."

Da natten sluttede, forlod Oliver den fortryllede skov, men han bar minderne om den vidunderlige halloween-nat i sit hjerte. Han delte historien om græskarrets magiske midnatsparade med sine venner og familie og sikrede, at magien i Moonlit Grove ville leve videre i hjertet på alle, der hørte den.

Så halloween efter halloween fulgte børnene i Moonlit Grove ildfluerne ind i skoven, og legenden om græskarrets magiske midnatsparade fortsatte med at skinne, klarere end nogen jack-o'-lantern i månelyset. Det var en påmindelse om, at halloweenens fortryllelse aldrig ville falme, så længe der var nysgerrige sjæle som Oliver til at holde magien i live.

The Haunted Library Mystery

In the quiet, historic town of Ravenbrook, Halloween was a time when the leaves turned gold, the air grew crisp, and the ancient Ravenbrook Library became the hub of mysterious adventures. Among the townsfolk, there was one youngster named Eliza, whose fascination with books and enigmas made her the perfect detective for a Halloween mystery.

One October evening, as the setting sun painted the sky in shades of orange and red, Eliza received an intriguing invitation. It was a parchment adorned with cobweb-like patterns and signed with the enigmatic "Librarian L. Grimshaw." The message read: "Seeker of mysteries, a peculiar occurrence awaits you in the heart of Ravenbrook Library, at the stroke of midnight."

Eliza couldn't resist such a tantalizing riddle. As the moon climbed higher in the ebony sky, she crept past her parents' watchful eyes and arrived at the library's ancient oak doors, which creaked eerily as she pushed them open. The dimly lit interior was a labyrinth of towering bookshelves, filled with secrets that whispered through the dusty air.

In the center of the library, she found a room she had never noticed before, obscured by shadowy tales of the past. A mysterious figure, cloaked in shadows, awaited her. It was none other than Librarian L. Grimshaw, a name known to all but a person seldom seen. "Welcome, young detective," he greeted with an eerie smile.

Grimshaw revealed a magnificent leather-bound tome, "The Codex of Shadows." This book was said to hold the secrets of the town, hidden for generations, and guarded by the librarians. The pages rustled with whispers and secrets long forgotten. "Tonight, you shall aid in the continuation of our tradition. A chapter of the Codex has vanished, and you must recover it," Grimshaw whispered solemnly.

Eliza nodded, her heart racing. She accepted the book, feeling its weight in her hands, and the promise of adventure. "But where do I begin?" she inquired.

Grimshaw raised a bony finger, pointing to a large mirror, its surface rippling like water. "Through this mirror lies the world of stories. You must step through and solve the mystery that unravels before you."

Stepping through the mystical portal, Eliza found herself in a realm of living stories. Creatures and characters from beloved tales surrounded her. She was in the heart of a Halloween storybook, and the pages of the Codex fluttered urgently. Eliza sensed a growing darkness, threatening to engulf the enchanting realm.

Following the instructions from the Codex, Eliza embarked on her quest. She journeyed into the twisted forest of Edgar's "The Tell-Tale Heart," where the trees whispered secrets and ravens perched in ominous silence. At every turn, she was challenged with riddles that required knowledge of classic literature, from deciphering the meaning behind "Nevermore" to solving the enigma of "Dr. Jekyll and Mr. Hyde."

Her travels took her to the cobblestone streets of the "The Legend of Sleepy Hollow," where the Headless Horseman's laugh echoed through the night. She faced headless specters, searching for clues beneath hollow pumpkins and ghostly bridges.

Each story brought new challenges and eerie encounters. Eliza's determination, quick thinking, and the wisdom she had acquired from her beloved books guided her. With each solved riddle, she restored a piece of the lost Codex, rescuing characters and tales from fading into obscurity.

Finally, her journey led her to a ghostly ballroom, where the spirits of "Wuthering Heights" danced eternally. Here, she faced her most daunting challenge: the temptation to become part of the story and forget the real world. As she waltzed with a spectral Heathcliff, the allure of the tale threatened to engulf her.

But Eliza remembered her purpose and the importance of preserving the Codex. With one final riddle, she broke the enchantment, and the final pages of the Codex returned to her possession.

Returning to the library, she was greeted with cheers from the ghostly librarians who had observed her heroic journey through the mirror. The Codex of Shadows was complete once more, and the balance of the world of stories was restored.

Librarian L. Grimshaw congratulated her, revealing that the tradition of guardian librarians was passing to a new generation. Eliza was given the honor of protecting the Codex and continuing the ancient Halloween tradition.

As the clock chimed midnight, the stories in the Ravenbrook Library came alive in a spectral parade. Eliza led the way, carrying the Codex of Shadows, while characters from classic tales danced and celebrated. The townsfolk, awakened by the commotion, watched in amazement as the magical parade flowed through the town, leaving a trail of wonder and enchantment.

From that Halloween forward, the Ravenbrook Library became a place where stories thrived, secrets were safeguarded, and adventures were never-ending. Eliza, the guardian of the Codex, ensured that the spirit of Halloween was forever preserved in the heart of her beloved town.

And so, the Ravenbrook Library's mysterious tradition continued, enchanting all who dared to enter, and Eliza's love for books and mysteries had earned her a place in the annals of the most captivating Halloween tales.

Den Hjemsøgte Biblioteks Mysterium

I den stille, historiske by Ravenbrook var Halloween en tid, hvor bladene blev gyldne, luften blev sprød, og det gamle Ravenbrook Bibliotek blev centrum for mystiske eventyr. Blandt byens folk var der en ung pige ved navn Eliza, hvis fascination af bøger og gåder gjorde hende til den perfekte detektiv for et Halloween-mysterium.

En oktoberaften, mens solen malede himlen i nuancer af orange og rød, modtog Eliza en spændende invitation. Det var et pergament prydet med edderkoppeagtige mønstre og underskrevet med den gådefulde "Bibliotekar L. Grimshaw." Beskeden lød: "Mysterieopdager, en mærkelig begivenhed venter dig i hjertet af Ravenbrook Biblioteket ved midnatstid."

Eliza kunne ikke modstå en så fristende gåde. Da månen kravlede højere op på den mørke himmel, listede hun sig forbi sine forældres vågne øjne og nåede bibliotekets gamle egedøre, der knirkede uhyggeligt, da hun skubbede dem op. Det svagt oplyste interiør var en labyrint af høje bogreoler, fyldt med hemmeligheder, der hviskede gennem den støvede luft.

I midten af biblioteket fandt hun et rum, hun aldrig havde lagt mærke til før, skjult af skyggende fortællinger fra fortiden. En mystisk skikkelse, indhyllet i skygger, ventede på hende. Det var ingen andre end Bibliotekar L. Grimshaw, et navn kendt af alle, men en person sjældent set. "Velkommen, unge detektiv," hilste han med et uhyggeligt smil.

Grimshaw afslørede en pragtfuld læderindbunden værk, "Skyggernes Kodeks." Denne bog skulle angiveligt indeholde byens hemmeligheder, skjult gennem generationer og beskyttet af bibliotekarerne. Siderne raslede med hvisken og hemmeligheder længe glemt. "I aften skal du hjælpe med at fortsætte vores tradition. Et kapitel fra Kodeksen er forsvundet, og du må hente det tilbage," hviskede Grimshaw alvorligt.

Eliza nikkede, hendes hjerte bankede hurtigt. Hun tog imod bogen, mærkede dens vægt i sine hænder og løftet om eventyr. "Men hvor skal jeg begynde?" spurgte hun.

Grimshaw løftede en knoklet finger og pegede på et stort spejl, hvis overflade bølgede som vand. "Gennem dette spejl ligger verdens verden af historier. Du skal træde igennem og løse mysteriet, der udfolder sig foran dig."

Ved at træde gennem den mystiske portal befandt Eliza sig i en verden af levende historier. Skabninger og karakterer fra elskede fortællinger omgav hende. Hun var i hjertet af en Halloween-bog, og Kodeksens sider blafrede utålmodigt. Eliza fornemmede en voksende mørke, der truede med at opsluge den fortryllende verden.

I følge Kodeksens anvisninger begav Eliza sig ud på sin søgen. Hun begav sig ind i Edgar Allans "Det Bankende Hjertes Fortvivlede Skov," hvor træerne hviskede hemmeligheder, og ravne sad på skumle vis. Ved hver drejning blev hun udfordret med gåder, der krævede kendskab til klassisk litteratur, lige fra at afkode betydningen af "Aldrigmere" til at løse gåden om "Dr. Jekyll og Mr. Hyde."

Hendes rejse førte hende til brostensbelagte gader i "Søvnig Hallow-legende," hvor Den Hovedløse Rytters latter ekkoede gennem natten. Hun stod over for hovedløse spøgelser, ledte efter spor under hule græskar og spøgelsesbroer.

Hver historie bragte nye udfordringer og uhyggelige møder. Elizas beslutsomhed, hurtige tænkning og den visdom, hun havde tilegnet sig fra sine elskede bøger, vejledte hende. Med hver løst gåde gendannede hun en del af den tabte Kodeks, og reddede karakterer og fortællinger fra at forsvinde i glemsel.

Til sidst førte hendes rejse hende til en spøgelsesagtig balsal, hvor ånderne fra "Stormfulde Højder" dansede evigt. Her stod hun over for sin mest udfordrende prøve: fristelsen til at blive en del af historien og glemme den virkelige verden. Mens hun valsede med en spøgelsesagtig Heathcliff, truede fortællingens tiltrækning med at opsluge hende.

Men Eliza huskede sin opgave og vigtigheden af at bevare Kodeksen. Med en sidste gåde brød hun fortryllelsen, og Kodeksens sidste sider vendte tilbage til hendes besiddelse.

Da hun vendte tilbage til biblioteket, blev hun mødt med jubel fra de spøgelsesagtige bibliotekarer, der havde iagttaget hendes heltemodige rejse gennem spejlet. Skyggernes Kodeks var nu fuldstændigt, og balancen i historiernes verden blev genoprettet.

Bibliotekar L. Grimshaw lykønskede hende og afslørede, at traditionen med beskyttende bibliotekarer passede over til en ny generation. Eliza fik æren af at beskytte Kodeksen og fortsætte den gamle Halloween-tradition.

Da uret slog midnat, vågnede historierne i Ravenbrook Bibliotek til live i en spøgelsesagtig parade. Eliza gik forrest, bærende på Skyggernes Kodeks, mens karakterer fra klassiske fortællinger dans

ede og fejrede. Byens folk, vækket af larmen, så i forundring til, mens den magiske parade strømmede gennem byen og efterlod sig et spor af undren og fortryllelse.

Fra den Halloween og fremefter blev Ravenbrook Biblioteket et sted, hvor historier trivedes, hemmeligheder blev beskyttet, og eventyr aldrig tog ende. Eliza, Kodeksens beskytter, sikrede, at Halloween-ånden for evigt blev bevaret i hendes elskede bys hjerte.

Således fortsatte Ravenbrook Biblioteks mysteriøse tradition med at fortrylle alle, der vovede sig ind, og Elizas kærlighed til bøger og gåder havde tjent hende en plads i historiens mest fængslende Halloween-fortællinger.

The Midnight Masquerade

In the charming village of Grayhall, Halloween was a cherished time of year. The villagers took their celebrations very seriously, and none more so than the mysterious Midnight Masquerade. It was said that on the stroke of midnight, the town square would transform into a magical ballroom, and all were invited, as long as they came in costume.

Among the villagers, young Isabella was the most enchanted by the legends of the Midnight Masquerade. She spent all year preparing for the grand event, crafting costumes, and practicing dance moves. But there was one thing she was missing: the perfect mask.

Just one day before Halloween, while rummaging through the attic of her grandmother's old house, Isabella discovered a dusty, antique chest. Inside, she found a magnificent mask with intricate details that resembled a mysterious forest, filled with creatures and secrets. It was adorned with rich emerald green and sapphire blue feathers.

The mask seemed to call to Isabella, and she knew it was the one. She could almost feel the magic within it. With the mask in her possession, she was ready for the Midnight Masquerade.

Halloween night arrived with an air of anticipation. The town square, bathed in the gentle light of streetlamps, was transformed into a realm of enchantment. The clock on the old town hall chimed, signaling midnight, and as if by a magical spell, the square blossomed into a magnificent ballroom.

Villagers donned masks that depicted their wildest dreams and deepest secrets. Isabella arrived, her forest-themed mask in place, feeling the spirit of adventure coursing through her veins. The music, played by an invisible orchestra, swept her onto the dance floor.

Under the moonlit sky, Isabella waltzed with strangers, their identities concealed by masks, and she marveled at the enchanting atmosphere of the Midnight Masquerade. She was drawn to a mysterious figure, clad in a silver mask, who moved with grace and elegance. The two danced as if they had been practicing together for a lifetime, the enchanting forest on her mask mirroring the mysteries in the eyes of her partner.

As the night unfolded, Isabella conversed with other masked revelers. They told stories of their dreams, desires, and secrets. She met a jovial pumpkin-headed scarecrow who longed to explore the world, a timid butterfly with dreams of becoming a fierce dragon, and a masked cat who recited riddles and tales of magical quests.

The evening was a whirlwind of dances, laughter, and shared secrets. It was as if time itself had stopped, and the Midnight Masquerade was a world of its own. Isabella felt a connection with her fellow masqueraders, even though she didn't know their faces. It was as if their true selves were revealed in the enchanting world of masks and moonlight.

When the clock struck three, signaling the end of the Masquerade, the villagers departed with a sense of both melancholy and delight. Isabella reluctantly removed her forest-themed mask, which held memories of the most magical night of her life.

In the days that followed, Isabella couldn't shake the feeling that the Midnight Masquerade was more than just a Halloween celebration. It was a place where people could be their truest selves, hidden behind the guise of enchanting masks.

One morning, as she explored her grandmother's attic once more, Isabella discovered a letter hidden in the antique chest. It was addressed to her grandmother from many years ago and spoke of the enchanting Midnight Masquerade, its magic, and the importance of cherishing the bonds formed during the event.

Isabella realized that the Midnight Masquerade was more than a once-a-year gathering; it was a celebration of the hidden facets of the human soul, a reminder that the heart's desires and secrets could be shared in the most unexpected places. The enchanted mask she had discovered was a part of that magic.

With newfound purpose, Isabella took her grandmother's mask and lovingly restored it. She decided to keep the tradition of the Midnight Masquerade alive, not just as a Halloween event but as a celebration of the human spirit, where secrets were shared, dreams were pursued, and connections were forged.

The following year, Isabella hosted the Midnight Masquerade in honor of her grandmother and the enchanting mask that had brought so much magic into her life. The tradition was revived, and the villagers gathered once more in the town square, their masks concealing their faces, but revealing their hearts.

As the clock struck midnight, the square transformed into a magical ballroom once again, and the spirit of the Midnight Masquerade lived on. Isabella danced with the mysterious figure in the silver mask, knowing that beneath the guise, there was a world of dreams and secrets waiting to be explored. The enchanting forest on her mask was now a symbol of the timeless magic of the Midnight Masquerade, a celebration of the hidden depths of the human soul.

Midnatsmaskerade

I den charmerende landsby Grayhall var Halloween en værdsat tid på året. Landsbyboerne tog deres fejringer meget alvorligt, og ingen mere end den mystiske Midnatsmaskerade. Det blev sagt, at når uret slog midnat, ville byens torv forvandle sig til en magisk balsal, og alle var inviteret, så længe de kom i kostume.

Blandt landsbyboerne var den unge Isabella den mest fortryllede af legenderne om Midnatsmaskeraden. Hun tilbragte hele året med at forberede sig til den store begivenhed, skabte kostumer og øvede dansebevægelser. Men der manglede én ting: den perfekte maske.

Bare én dag før Halloween, mens Isabella rodede rundt på loftet i sin bedstemors gamle hus, opdagede hun en støvet, antik kiste. Indeni fandt hun en pragtfuld maske med intrikate detaljer, der lignede en mystisk skov fyldt med skabninger og hemmeligheder. Den var prydet med rige smaragdgrønne og safirblå fjer.

Masken syntes at kalde på Isabella, og hun vidste, at det var den rette. Hun kunne næsten mærke magien i den. Med masken i sin besiddelse var hun klar til Midnatsmaskeraden.

Halloween-natten kom med en følelse af forventning. Torvet, badet i gadebelysningens blide lys, forvandlede sig til en fortryllende verden. Uret på den gamle rådhus slog midnat og som ved en magisk trylleformular blomstrede torvet op til en storslået balsal.

Landsbyboere iførte sig masker, der afspejlede deres vildeste drømme og dybeste hemmeligheder. Isabella ankom, sin skovtema-maske på plads, og følte eventyrets ånd strømme igennem sine årer. Musikken, spillet af et usynligt orkester, førte hende ud på dansegulvet.

Under den månelyse himmel dansede Isabella med fremmede, hvis identiteter var skjulte af masker, og hun undrede sig over Midnatsmaskeradens fortryllende atmosfære. Hun blev tiltrukket af en mystisk skikkelse iført en sølvmaske, der bevægede sig med ynde og elegance. De to dansede, som om de havde øvet sig sammen i et helt liv, den fortryllende skov på hendes maske afspejlede mysterierne i øjnene på hendes partner.

Som natten skred frem, talte Isabella med andre maskerede festdeltagere. De fortalte historier om deres drømme, ønsker og hemmeligheder. Hun mødte en munter skræmmende skræmme med græskarhoved, der længtes efter at udforske verden, en forsagt sommerfugl med drømme om at blive en vild drage og en maskeret kat, der reciterede gåder og eventyr om magiske opgaver.

Aftenen var en hvirvelvind af dans, latter og delte hemmeligheder. Det var, som om tiden selv var stoppet, og Midnatsmaskeraden var en verden for sig selv. Isabella følte en forbindelse med sine medmaskebærere, selvom hun ikke kendte deres ansigter. Det var, som om deres sande selv blev afsløret i den fortryllende verden af masker og måneskin.

Da uret slog tre og markerede slutningen på maskeraden, tog landsbyboerne af sted med både melankoli og glæde. Isabella fjernede nølende sin skovtema-maske, der gemte minder om den mest magiske nat i hendes liv.

I dagene der fulgte, kunne Isabella ikke slippe følelsen af, at Midnatsmaskeraden var mere end bare en Halloween-fejring. Det var et sted, hvor mennesker kunne være deres sandeste selv, skjult bag fortryllende masker.

En morgen, mens hun udforskede sin bedstemors loft igen, fandt Isabella et brev gemt i den antikke kiste. Det var adresseret til hendes bedstemor for mange år siden og talte om den fortryllende Midnatsmaskerade, dens magi og betydningen af at værdsætte de bånd, der blev dannet under begivenheden.

Isabella indså, at Midnatsmaskeraden var mere end en enkeltårig begivenhed; det var en fejring af menneskesjælens skjulte facetter, en påmindelse om, at hjertets ønsker og hemmeligheder kunne deles på de mest uventede steder. Den fortryllede maske, hun havde opdaget, var en del af den magi.

Med ny mening tog Isabella sin bedstemors maske og restaurerede den kærligt. Hun besluttede at holde traditionen med Midnatsmaskeraden i live, ikke kun som en Halloween-begivenhed, men som en fejring af menneskesjælens ånd, hvor hemmeligheder blev delt, drømme blev forfulgt, og forbindelser blev smedet.

Det følgende år var Isabella vært for Midnatsmaskeraden til ære for sin bedstemor og den fortryllende maske, der havde bragt så meget magi ind i hendes liv. Traditionen blev genoplivet, og landsbyboerne samledes igen på torvet, deres masker skjulte deres ansigter, men afslørede deres hjerter.

Da uret slog midnat, forvandlede torvet sig igen til en magisk balsal, og Midnatsmaskeradens ånd levede videre. Isabella dansede med den mystiske skikkelse i sølvmaske og vidste, at under masken var der en verden af drømme og hemmeligheder, der ventede på at blive udforsket. Den fortryllende skov på hendes maske var nu et symbol på Midnatsmaskeradens tidløse magi, en fejring af menneskesjælens skjulte dybder.

The Ghostly Guardians of Hollow Oak Cemetery

In the heart of the small, picturesque town of Grayhall, nestled between the rolling hills and dense forests, lay the ancient Hollow Oak Cemetery. It was a place of legends, where the shadows of towering oaks danced with the memories of the departed. Halloween held a special significance in Grayhall, for it was the night the town believed the ghosts of Hollow Oak Cemetery would come to life.

Among the townsfolk, young Timothy was known for his curiosity and love for all things mysterious. He had heard the tales of Hollow Oak Cemetery's ghostly inhabitants since he was a child and had always longed to experience the magic of Halloween within its silent, mossy realm.

On this particular Halloween night, the crescent moon cast a silvery glow on the headstones, creating an otherworldly ambiance. Timothy, dressed as an intrepid explorer, had sneaked into the cemetery, a lantern in hand, in search of the legendary ghostly guardians.

As the clock struck midnight, a soft, haunting melody filled the air. From the depths of the cemetery, a chorus of ethereal voices began to sing, their harmonies rising and falling like the gentle wind through the oak leaves. Timothy's heart quickened as he followed the eerie music.

In a secluded corner, he discovered a group of spectral figures gathered beneath the boughs of the oldest oak tree. Their ethereal forms shimmered with a silvery light, and their eyes sparkled with long-forgotten wisdom.

The ghosts were led by a wise-looking spirit who introduced himself as Elias, the guardian of Hollow Oak Cemetery. He explained that on Halloween night, the spirits of the departed returned to their earthly resting place to protect it from harm and to impart their wisdom to the living.

Timothy was in awe as the ghosts shared stories of the town's history and the lessons they had learned in life. They spoke of love, kindness, and the importance of cherishing every moment. Their words were like the whispers of the wind through the leaves, carrying a profound sense of peace.

As the night wore on, Elias invited Timothy to join in their celebration. They danced under the ancient oak tree, the leaves overhead rustling in time with their ghostly waltz. The otherworldly music surrounded them, and Timothy couldn't help but feel that he was part of something greater, something beyond the realm of the living.

As the first light of dawn began to break the spell, Timothy realized it was time to leave. He thanked Elias and the other ghostly guardians for their hospitality and the wisdom they had shared. With a promise to return next Halloween, he made his way back to the world of the living, leaving the cemetery behind.

Throughout the year, Timothy often thought of the ghostly guardians and the lessons they had imparted. He found himself living his life with a greater appreciation for the beauty of the world and the importance of kindness and love.

When the next Halloween approached, Timothy eagerly returned to Hollow Oak Cemetery, lantern in hand, to reunite with his spectral friends. The ghosts welcomed him with open arms, and once again, they danced beneath the ancient oak tree, their voices and laughter filling the night.

In the years that followed, Timothy became a storyteller, sharing the tales of the ghostly guardians with the townsfolk. He hoped to inspire others to cherish the wisdom of those who had come before and to celebrate the magic of Halloween in a way that transcended the ordinary.

And so, Hollow Oak Cemetery continued to be a place of legend and enchantment, where the spirits of the departed returned to offer their guidance and to remind the living of the beauty and wisdom that could be found in the most unexpected of places. Timothy's connection with the ghostly guardians became a testament to the enduring magic of Halloween and the timeless wisdom of the departed.

De Spøgelsesagtige Vogtere af Hollow Oak Kirkegård

I hjertet af den lille, maleriske by Grayhall, gemt mellem de bølgende bakker og tætte skove, lå den ældgamle Hollow Oak Kirkegård. Det var et sted fyldt med legender, hvor skyggerne fra de høje egetræer dansede med minderne om de afdøde. Halloween havde en særlig betydning i Grayhall, for det var natten, hvor byen troede, at spøgelserne fra Hollow Oak Kirkegård ville komme til live.

Blandt byens folk var den unge Timothy kendt for sin nysgerrighed og kærlighed til alt, der var mysteriøst. Han havde hørt fortællingerne om Hollow Oak Kirkegårds spøgelsesagtige beboere, siden han var barn, og han havde altid længtes efter at opleve Halloween-magi inden for dens stille, mosklædte rige.

På denne særlige halloween-nat kastede den halvmåne et sølvskær på gravstenene, hvilket skabte en overnaturlig stemning. Timothy, klædt som en uforfærdet opdagelsesrejsende, var sneget sig ind i kirkegården med en lygte i hånden for at søge efter de legendariske spøgelsesagtige vogtere.

Da klokken slog midnat, fyldte en blid, hjemsøgende melodi luften. Fra kirkegårdens dyb begyndte en kor af æteriske stemmer at synge, deres harmonier steg og faldt som den blide vind gennem egebladene. Timothys hjerte bankede hurtigere, mens han fulgte den uhyggelige musik.

I en afsidesliggende krog opdagede han en gruppe spøgelsesagtige skikkelser samlet under grenene af den ældste egetræ. Deres æteriske former glimtede med et sølvlys, og deres øjne funklede med længe glemte visdom.

Spøgelserne blev ledet af en klog udseende ånd, der præsenterede sig som Elias, Hollow Oak Kirkegårdens vogter. Han forklarede, at på Halloween-natten vendte de afdødes sjæle tilbage til deres jordiske hvilested for at beskytte det mod skade og give deres visdom videre til de levende.

Timothy var i ærefrygt, da spøgelserne delte historier om byens historie og de lektioner, de havde lært i livet. De talte om kærlighed, venlighed og vigtigheden af at værdsætte hvert øjeblik. Deres ord var som vindens hvisken gennem bladene og bar en dyb følelse af fred.

Mens natten skred frem, inviterede Elias Timothy til at deltage i deres fest. De dansede under det gamle egetræ, mens bladene over dem raslede i takt med deres spøgelsesagtige vals. Den overnaturlige musik omgav dem, og Timothy kunne ikke lade være med at føle, at han var en del af noget større, noget ud over de levendes rige.

Da den første morgens lygte begyndte at bryde trylleformularen, indså Timothy, at det var tid til at gå. Han takkede Elias og de andre spøgelsesagtige vogtere for deres gæstfrihed og den visdom, de havde delt. Med et løfte om at vende tilbage næste Halloween begav han sig tilbage til de levendes verden og efterlod kirkegården bag sig.

I løbet af året tænkte Timothy ofte på de spøgelsesagtige vogtere og de lektioner, de havde givet. Han fandt sig selv leve sit liv med en større værdsættelse for verden og betydningen af venlighed og kærlighed.

Da den næste Halloween nærmede sig, vendte Timothy ivrigt tilbage til Hollow Oak Kirkegård med en lygte i hånden for at genforenes med sine spøgelsesagtige venner. Spøgelserne bød ham velkommen med åbne arme, og endnu engang dansede de under det gamle egetræ, deres stemmer og latter fyldte natten.

I årene, der fulgte, blev Timothy en historiefortæller og delte fortællingerne om de spøgelsesagtige vogtere med byens folk. Han håbede at inspirere andre til at værdsætte visdommen fra dem, der var kommet før, og til at fejre halloween-magi på en måde, der overskred det almindelige.

Således forblev Hollow Oak Kirkegård et sted fyldt med legender og fortryllelse, hvor de afdødes ånder vendte tilbage for at tilbyde deres vejledning og minde de levende om den skønhed og visdom, der kunne findes på de mest uventede steder. Timothys forbindelse med de spøgelsesagtige vogtere blev et vidnesbyrd om halloween-magiens vedvarende kraft og de afdødes tidløse visdom.

The Enchanted Pumpkin Patch

In the quaint village of Swanmoor, nestled between rolling hills and a meandering river, Halloween was a time of wonder and magic. It was the season when the local pumpkin patch, known as the "Whispering Grove," came to life with enchantment. For as long as anyone could remember, the Whispering Grove was rumored to be a place of mystical occurrences, especially on the night of Halloween.

Among the villagers, young Amelia was known for her boundless curiosity and her love of adventure. Halloween was her favorite holiday, and she looked forward to the festivities all year long. This year, her heart was set on unraveling the mysteries of the Whispering Grove, and she embarked on an adventure that would change her life.

Amelia had heard the tales of the Whispering Grove, but she had always thought of them as mere folklore. That is, until one autumn afternoon, while taking a leisurely walk near the edge of the village, she stumbled upon a hidden trail she had never noticed before. Her heart raced as she followed it, guided by a flickering light that danced amid the trees.

As the sun dipped below the horizon, the trail led her to the Whispering Grove. The pumpkin patch was bathed in the soft, silvery light of the full moon, and the pumpkins, each one bigger and more enchanting than the last, seemed to shimmer with an inner radiance.

Amelia cautiously stepped into the grove, her excitement mixing with a sense of trepidation. She had always been told that the pumpkins here were special, but she had never quite believed it until now. As the clock struck midnight, a magical transformation began.

The pumpkins began to stir, their vibrant colors shifting and merging, forming intricate patterns that came alive with the spirit of Halloween. Faces appeared on the pumpkins, expressions that ranged from friendly grins to mischievous smirks. They whispered ancient secrets, enchanting tales, and riddles that seemed to float on the night air.

Amelia was captivated by the spectacle. She approached one particularly lively pumpkin, its eyes twinkling like stars, and introduced herself. The pumpkin introduced itself as "Pip," a guardian of the Whispering Grove, tasked with keeping its enchantment alive.

With Pip as her guide, Amelia ventured deeper into the grove. Each pumpkin had a unique story to tell or a riddle to share, and Amelia was eager to listen. She heard tales of brave scarecrows, kind-hearted witches, and the misadventures of a playful ghost named Casper, all of whom resided in the Whispering Grove.

As the night progressed, Amelia became a part of the enchanted pumpkin patch. She danced with lively pumpkins, shared ghost stories with Casper, and even helped a friendly scarecrow mend his tattered clothes. The night was filled with laughter and wonder, as the Whispering Grove revealed its secrets to her.

As the first light of dawn began to break the spell, Amelia knew it was time to leave. She thanked Pip and the other enchanting pumpkins for their hospitality and the magical night they had shared. With a promise to return next Halloween, she made her way back to the world of the living, leaving the Whispering Grove behind.

Throughout the year, Amelia often thought of her adventure in the enchanted pumpkin patch and the friends she had made. She found herself living her life with a greater appreciation for the magic that could be found in the world around her and the importance of embracing the spirit of Halloween.

When the next Halloween arrived, Amelia eagerly returned to the Whispering Grove, lantern in hand, to reunite with her pumpkin friends. The pumpkins welcomed her with open arms, and once again, they danced and shared their tales beneath the silvery moonlight.

In the years that followed, Amelia became a storyteller, sharing the tales of the Whispering Grove with the villagers. She hoped to inspire others to embrace the magic of Halloween and to cherish the wonder and enchantment that could be found in the most unexpected of places.

And so, the Whispering Grove continued to be a place of legend and enchantment, where the pumpkins came to life with the spirit of Halloween, and where the magic of the season was celebrated in all its glory. Amelia's connection with the enchanted pumpkin patch became a testament to the enduring magic of Halloween and the timeless wonder of the season.

Den Fortryllede Græskar Mark

I den maleriske landsby Swanmoor, indlejret mellem rullende bakker og en snoende flod, var Halloween en tid fuld af undren og magi. Det var sæsonen, hvor den lokale græskarmark, kendt som "Whispering Grove," vågnede til live med fortryllelse. Så længe nogen kunne huske, blev det rygtet, at Whispering Grove var et sted med mystiske begivenheder, især på halloween-natten.

Blandt landsbyboerne var den unge Amelia kendt for sin ubegrænsede nysgerrighed og kærlighed til eventyr. Halloween var hendes yndlingsferie, og hun glædede sig til festlighederne hele året. I år var hendes hjerte sat på at afsløre mysterierne i Whispering Grove, og hun begav sig ud på et eventyr, der ville ændre hendes liv.

Amelia havde hørt fortællingerne om Whispering Grove, men hun havde altid betragtet dem som ren folklore. Det vil sige, indtil en efterårsdag, mens hun tog en afslappet gåtur nær landsbyens kant, snublede hun over en skjult sti, hun aldrig før havde bemærket. Hendes hjerte begyndte at slå hurtigere, da hun fulgte den, guidet af et flimrende lys, der dansede mellem træerne.

Da solen sank under horisonten, førte stien hende til Whispering Grove. Græskarmarken blev badet i den blide, sølvagtige belysning fra fuldmånen, og græskarrene, hver større og mere fortryllende end det foregående, syntes at skinne med en indre stråling.

Amelia trådte forsigtigt ind i lunden, hendes spænding blandet med en følelse af ængstelse. Hun havde altid fået at vide, at græskarrene her var specielle, men hun havde aldrig rigtig troet det, før nu. Da klokken slog midnat, begyndte en magisk forvandling.

Græskarrene begyndte at røre sig, deres levende farver skiftede og smeltede sammen og dannede indviklede mønstre, der kom til live med halloween-ånden. Ansigter dukkede op på græskarrene, udtryk, der spændte fra venlige smil til drillende smil. De hviskede gamle hemmeligheder, fortryllende historier og gåder, der syntes at svæve i natteluften.

Amelia blev betaget af synet. Hun nærmede sig en særlig livlig græskar, hvis øjne glimtede som stjerner, og præsenterede sig selv. Græskarret præsenterede sig som "Pip," en vogter af Whispering Grove, der havde til opgave at holde dets fortryllelse i live.

Med Pip som hendes guide begav Amelia sig dybere ind i lunden. Hvert græskar havde en unik historie at fortælle eller en gåde at dele, og Amelia var ivrig efter at lytte. Hun hørte historier om modige fugleskræmsler, hjertelige hekse og narrestregerne fra en legesyg spøgelse ved navn Casper, som alle boede i Whispering Grove.

Som natten skred frem, blev Amelia en del af den fortryllede græskarmark. Hun dansede med livlige græskar, delte spøgelseshistorier med Casper og hjalp endda en venlig fugleskræmsel med at lappe sine sønderrevne klæder. Natten var fyldt med latter og undren, da Whispering Grove afslørede sine hemmeligheder for hende.

Da den første morgendæmring brød fortryllelsen, vidste Amelia, at det var tid til at tage afsked. Hun takkede Pip og de andre fortryllende græskar for deres gæstfrihed og den magiske nat, de havde delt. Med et løfte om at vende tilbage næste halloween begav hun sig tilbage til de levendes verden og lod Whispering Grove blive bagved.

I løbet af året tænkte Amelia ofte på sit eventyr i den fortryllede græskarmark og de venner, hun havde fået. Hun fandt sig selv, mens hun levede sit liv, med en større værdsættelse for magien, der kunne findes i verden omkring hende, og betydningen af at omfavne halloween-ånden.

Når næste halloween kom, vendte Amelia ivrigt tilbage til Whispering Grove, lanternen i hånden, for at genforenes med sine græskarvenner. Græskarrene bød hende velkommen med åbne arme, og endnu en gang dansede de og delte deres historier under den sølvagtige måneskin.

I årene, der fulgte, blev Amelia en fortæller, der delte fortællingerne fra Whispering Grove med landsbyboerne. Hun håbede at inspirere andre til at omfavne halloween-magien og at værdsætte undren og fortryllelse, der kunne findes på de mest uventede steder.

Således fortsatte Whispering Grove med at være et sted for legender og fortryllelse, hvor græskarrene kom til live med halloween-ånden, og hvor sæsonens magi blev fejret i al sin glans. Amelias forbindelse til den fortryllede græskarmark blev et vidnesbyrd om halloween-magiens vedvarende kraft og sæsonens tidløse undren.

The Pumpkin Patch Mystery: A Halloween Adventure

Once upon a time in the small town of Maplewood, Halloween was a time of great excitement. Children and families adorned their houses with spooky decorations, carved jack-o'-lanterns, and prepared their costumes. But what everyone looked forward to most was the annual trip to the mysterious pumpkin patch, hidden deep within the enchanted forest.

This pumpkin patch was unlike any other. It was rumored that the pumpkins here had magical powers. They could fly, light up, and even tell stories if you listened closely. The patch was guarded by a friendly scarecrow named Scarecrow Steve, who greeted visitors with a warm, pumpkin-scented smile.

A brother and sister, Lily and Ben, couldn't wait for this year's adventure. They had heard tales of pumpkins that could make your wildest dreams come true. Lily wanted to become a world-famous ballerina, and Ben dreamt of being a scientist who could discover new planets. They believed this magical pumpkin patch might hold the key to their dreams.

On Halloween eve, as the sun dipped below the horizon and the stars began to twinkle, the children, dressed as a graceful butterfly and a curious astronaut, set off into the forest. Their flashlights led the way through the twisted trees and crunchy leaves. As they ventured deeper into the woods, the moon's eerie glow illuminated their path.

Finally, they reached the clearing where the pumpkin patch lay. Scarecrow Steve welcomed them with a creaky, friendly voice. "Good evening, young travelers! Welcome to the enchanted pumpkin patch. May your wishes be as bright as the moon tonight."

The siblings wandered among the rows of pumpkins, their eyes sparkling with anticipation. They whispered their wishes to the pumpkins and, to their amazement, the pumpkins responded by glowing with enchanting colors. But how would they know which pumpkin held the power to make their dreams come true?

Lily and Ben spotted an elderly pumpkin named Grandpa Gourdon. He had the wisdom of many Halloweens and had seen countless children's dreams come to life. Grandpa Gourdon offered them a riddle: "To find the pumpkin that holds your wishes dear, listen to your hearts and never fear. The answer lies in a simple rhyme, in a land of ancient and whispered time."

The siblings pondered the riddle as they strolled through the patch, noticing the pumpkins with rhyming names. Giggles and Goosebumps, Whiskers and Whispers, Ponder and Pumpkinella, and finally, they found Jack and Jill, sitting on a hill.

Just as they were about to give up, Lily had an idea. She asked Grandpa Gourdon, "Which pumpkins can tell us the tale of our dreams?" With a wise smile, Grandpa Gourdon pointed to Jack and Jill and said, "These two pumpkins are the keepers of your dreams. But you must work together to unlock their power."

So, Lily and Ben put their heads together and began to recite their dreams in a special rhyme. The pumpkins glowed brighter and brighter until a magical light burst from them. Lily transformed into a graceful ballerina, and Ben became an astronaut in his spacesuit. They twirled, danced, and floated in the air, living their dreams.

As the clock struck midnight, their costumes turned back into their regular clothes, and they realized it was time to head home. They thanked Scarecrow Steve and Grandpa Gourdon and promised to return the next Halloween.

On the way back through the forest, the siblings couldn't stop talking about their amazing adventure. They had experienced the true magic of Halloween and learned that, sometimes, dreams can come true when you believe in the enchantment of the night.

Back in Maplewood, they shared their story with friends and family, and the legend of the enchanted pumpkin patch grew even more. Lily and Ben's dreams came true that Halloween, but the real magic was the bond they shared as brother and sister, knowing that they could accomplish anything when they believed in themselves and each other.

And so, every Halloween, children from Maplewood continue to visit the mysterious pumpkin patch, hoping to find the pumpkins that hold the magic of their dreams. Because in Maplewood, Halloween isn't just about candy and costumes—it's a time when the extraordinary becomes possible, and the power of imagination knows no bounds.

Græskarmarkens Mysterium: Et Halloween-eventyr

Engang i den lille by Maplewood var Halloween en tid med stor spænding. Børn og familier udsmykkede deres huse med uhyggelige dekorationer, udskårne græskarlygter og forberedte deres kostumer. Men det alle glædede sig mest til, var den årlige tur til den mystiske græskarmark, der var gemt dybt inde i den fortryllede skov.

Denne græskarmark var anderledes end nogen anden. Der gik rygter om, at græskarrene her havde magiske kræfter. De kunne flyve, lyse op og endda fortælle historier, hvis man lyttede opmærksomt. Marken blev vogtet af en venlig fugleskræmme ved navn Fugleskræmme-Steffen, der bød besøgende velkommen med et varmt smil af græskarduft.

En bror og søster, Lily og Ben, kunne slet ikke vente med årets eventyr. De havde hørt historier om græskar, der kunne opfylde ens vildeste drømme. Lily drømte om at blive en verdensberømt ballerina, og Ben drømte om at blive en videnskabsmand, der kunne opdage nye planeter. De troede, at denne magiske græskarmark måske indeholdt nøglen til deres drømme.

På Halloween-aften, da solen sank under horisonten, og stjernerne begyndte at glimte, begav børnene sig ud i skoven klædt som en yndefuld sommerfugl og en nysgerrig astronaut. Deres lommelygter ledte vejen gennem de forkrøblede træer og knasende blade. Mens de fortsatte dybere ind i skoven, oplyste månens uhyggelige skær deres sti.

Endelig nåede de den lysning, hvor græskarmarken lå. Fugleskræmme-Steffen bød dem velkommen med en knirkende, venlig stemme. "God aften, unge rejsende! Velkommen til den fortryllede græskarmark. Må jeres ønsker være lige så lyse som månen i aften."

Søskendeparret vandrede blandt rækkerne af græskar, deres øjne funklede af spænding. De hviskede deres ønsker til græskarrene, og til deres forundring begyndte græskarrene at lyse med fortryllende farver. Men hvordan skulle de vide, hvilket græskar der havde magten til at opfylde deres drømme?

Lily og Ben opdagede en ældre græskar ved navn Bedstefar Gourdon. Han havde visdom fra mange Halloween-nætter og havde set utallige børns drømme gå i opfyldelse. Bedstefar Gourdon tilbød dem en gåde: "For at finde græskarret, der gemmer jeres ønsker kært, skal I lytte til jeres hjerter og aldrig frygte. Svaret ligger i en simpel rim, i et land med gammel og hviskende tid."

Søskendeparret grublede over gåden, mens de slentrede rundt i marken og bemærkede græskarrene med rimende navne. Latter og Gys, Vippetudser og Sus, Tænksomhed og Græskarella, og til sidst fandt de Jack og Jill, der sad på en bakke.

Lige da de var ved at give op, fik Lily en idé. Hun spurgte Bedstefar Gourdon, "Hvilke græskar kan fortælle os historien om vores drømme?" Med et klogt smil pegede Bedstefar Gourdon på Jack og Jill og sagde, "Disse to græskar er vogtere af jeres drømme. Men I må arbejde sammen for at låse deres magt op."

Så begyndte Lily og Ben at tænke sammen og begyndte at recitere deres drømme i en speciel rim. Græskarrene lyste kraftigere og kraftigere, indtil der brød en magisk lys ud af dem. Lily forvandlede sig til en yndefuld ballerina, og Ben blev en astronaut i sin rumdragt. De hvirvlede rundt, dansede og fløj i luften og levede deres drømme.

Da uret slog midnat, blev deres kostumer igen til deres almindelige tøj, og de indså, at det var tid til at tage hjem. De takkede Fugleskræmme-Steffen og Bedstefar Gourdon og lovede at vende tilbage næste Halloween.

På vej tilbage gennem skoven kunne søskendeparret ikke stoppe med at tale om deres fantastiske eventyr. De havde oplevet den sande magi ved Halloween og havde lært, at drømme nogle gange kan gå i opfyldelse, når man tror på nattens fortryllelse.

Tilbage i Maplewood delte de deres historie med venner og familie, og legenden om den fortryllede græskarmark voksede endnu mere. Lily og Bens drømme gik i opfyldelse den Halloween, men den virkelige magi var båndet, de delte som bror og søster, og visheden om, at de kunne opnå alt, når de troede på sig selv og hinanden.

Og således fortsætter børn fra Maplewood med at besøge den mystiske græskarmark hver Halloween i håb om at finde græskarrene, der gemmer på magien i deres drømme. For i Maplewood handler Halloween ikke kun om slik og kostumer

- det er en tid, hvor det ekstraordinære bliver muligt, og forestillingens kraft kender ingen grænser.

48

The Ghostly Light in the Attic: A Halloween Mystery

Halloween had finally arrived in the quaint town of Willowbrook, and the air was tinged with excitement and a touch of mystery. Children roamed the streets in their ghoulish costumes, and the houses were adorned with spider webs, jack-o'-lanterns, and eerie decorations. But for one young boy named Oliver, this Halloween held a different kind of allure—a yearning for adventure.

Oliver had always been curious, with a heart full of courage and a love for the unknown. He lived in a charming, centuries-old house that had a large, cobweb-covered attic. The townsfolk believed the attic was haunted, a notion that only fueled Oliver's curiosity. For years, he had wondered about the stories whispered among his neighbors, tales of ghostly figures and strange noises in the night.

This Halloween, Oliver decided to investigate the attic himself. He put on his favorite costume—a detective's trench coat and magnifying glass—and, with a flashlight in hand, ascended the creaky stairs to the attic. The attic door screeched as he pushed it open, and he was met with darkness and a chilling breeze.

Oliver's heart raced as he explored the attic, examining old trunks filled with dusty memories and forgotten treasures. His flashlight flickered, casting eerie shadows on the walls. The air was thick with a sense of history, and he could almost hear the whispers of the past.

Suddenly, his flashlight's beam caught a glimmering light in the corner of the attic. He cautiously approached the source, revealing a mysterious, ancient-looking lantern, glowing with an ethereal light. He had never seen anything like it before.

As he reached out to touch the lantern, a voice, soft and melodious, filled the attic. "Who dares disturb my lantern on this Halloween night?" it echoed.

Startled but undeterred, Oliver responded, "I'm Oliver, and I want to know the secrets of this lantern and the attic."

The voice continued, "Very well, Oliver, for your curiosity and courage, I shall grant you three wishes. But choose wisely, for not all mysteries are meant to be unveiled."

Oliver pondered for a moment, considering his wishes carefully. He decided to ask for three things that would benefit his family and town.

For his first wish, he asked, "I wish for our town of Willowbrook to be forever filled with happiness and laughter."

The lantern's light shone brighter, and Oliver felt a wave of warmth wash over him. A gentle breeze swept through the attic, carrying with it a joyful, tinkling laughter that seemed to envelop the entire town.

For his second wish, he asked, "I wish for all the stories hidden in the hearts of the townsfolk to be revealed and shared."

The lantern's light danced with delight, and Oliver could hear voices from all around Willowbrook, sharing their stories, hopes, and dreams. The town was alive with newfound connections and a sense of unity.

For his final wish, he asked, "I wish for the attic to be a place of wonder and learning, where children can come to explore the mysteries of the past and dream of the future."

The lantern's light beamed with approval, and a transformation began to unfold in the attic. Old books and artifacts came to life, and the attic was filled with the whispers of history and the dreams of the future.

As Oliver descended from the attic, he felt an overwhelming sense of fulfillment. The once-haunted space was now a sanctuary of knowledge and inspiration. He couldn't wait to share his adventures with the other children in town.

When Oliver stepped outside, he was met with joyous laughter and heartfelt stories, as if the entire town had been touched by his wishes. The lantern's light had not only granted his wishes but had also brought the community together in a way that had never been seen before.

From that Halloween forward, Willowbrook's attic was a place of wonder and discovery, and the lantern's light continued to inspire and unite the town. Oliver had not only solved the mystery of the attic but had also uncovered the magic of Halloween—the power of hope, the joy of connection, and the courage to follow one's curiosity into the unknown.

And so, Halloween in Willowbrook became a celebration of more than just costumes and candy. It was a time to come together, to share stories and dreams, and to remember the curious and brave boy who had forever changed their town with a lantern and three wishes.

Det Spøgelsesagtige Lys på Loftet: En Halloween Mysterium

Halloween var endelig ankommet i den maleriske by Willowbrook, og luften var fyldt med spænding og en snert af mysterium. Børn strejfede gaderne i deres uhyggelige kostumer, og husene var pyntet med edderkoppenet, græskarlygter og uhyggelige dekorationer. Men for en ung dreng ved navn Oliver indebar denne Halloween en anderledes slags tiltrækning - en længsel efter eventyr.

Oliver havde altid været nysgerrig, med et hjerte fuld af mod og en kærlighed til det ukendte. Han boede i et charmerende, århundreder gammelt hus med en stor, spindelvæv-dækket hems. Byens folk troede, at loftet var hjemsøgt, en forestilling, der kun brændte Oliviers nysgerrighed. I årevis havde han undret sig over de historier, der blev hvisket blandt hans naboer, fortællinger om spøgelsesagtige skikkelser og mærkelige lyde om natten.

Denne Halloween besluttede Oliver at undersøge loftet selv. Han tog sin yndlingskostume på - en detektivfrakke og en forstørrelsesglas - og med en lommelygte i hånden gik han op ad de knirkende trapper til loftet. Loftsdøren skreg, da han skubbede den op, og han blev mødt af mørke og en isnende brise.

Oliviers hjerte bankede, mens han udforskede loftet, undersøgte gamle kister fyldt med støvede minder og glemte skatte. Hans lommelygte blinkede, hvilket kastede uhyggelige skygger på væggene. Luftet var tungt af historie, og han kunne næsten høre fortidens hvisken.

Pludselig fangede hans lommelygtes stråle et glimrende lys i loftets hjørne. Han nærmede sig kilden forsigtigt og afslørede en mystisk, gammel-udseende lanterne, der lyste med et ethereal lys. Han havde aldrig set noget lignende før.

Da han rakte ud for at røre ved lanterne, fyldte en stemme, blød og melodisk, loftet. "Hvem tør forstyrre min lanterne på denne Halloween nat?" lød det som en ekko.

Forskrækket, men uanfægtet, svarede Oliver: "Jeg er Oliver, og jeg vil gerne kende hemmelighederne om denne lanterne og loftet."

Stemmen fortsatte: "Meget godt, Oliver, for din nysgerrighed og dit mod, vil jeg give dig tre ønsker. Men vælg omhyggeligt, for ikke alle mysterier er meningen at blive afsløret."

Oliver tænkte et øjeblik og overvejede omhyggeligt sine ønsker. Han besluttede sig for at bede om tre ting, der ville gavne hans familie og by.

Til sit første ønske spurgte han: "Jeg ønsker, at vores by Willowbrook altid må være fyldt med glæde og latter."

Lanternens lys skinnede kraftigere, og Oliver følte en bølge af varme skylle over ham. En blid brise strøg gennem loftet og bragte med sig en glad, klingende latter, der syntes at omslutte hele byen.

Til sit andet ønske spurgte han: "Jeg ønsker, at alle de historier, der gemmer sig i byfolkets hjerter, skal blive afsløret og delt."

Lanternens lys dansede af glæde, og Oliver kunne høre stemmer fra hele Willowbrook, der delte deres historier, håb og drømme. Byen var fyldt med nyfundne forbindelser og en følelse af enhed.

Til sit sidste ønske spurgte han: "Jeg ønsker, at loftet skal være et sted for undren og læring, hvor børn kan komme for at udforske fortidens mysterier og drømme om fremtiden."

Lanternens lys strålede med godkendelse, og en forvandling begyndte at udfolde sig på loftet. Gamle bøger og artefakter kom til live, og loftet blev fyldt med historiens hvisken og fremtidens drømme.

Da Oliver steg ned fra loftet, følte han en overvældende følelse af opfyldelse. Det tidligere hjemsøgte rum var nu en helligdom for viden og inspiration. Han kunne ikke vente med at dele sine oplevelser med de andre børn i byen.

Da Oliver trådte udenfor, blev han mødt af glædesfuld latter og hjertelige historier, som om hele byen var blevet berørt af hans ønsker. Lanternens lys havde ikke kun opfyldt hans ønsker, men havde også forenet fællesskabet på en måde, der aldrig før var blevet set.

Fra den Halloween og fremefter blev Willowbrooks loft et sted for undren og opdagelse, og lanternens lys fortsatte med at inspirere og forene byen. Oliver havde ikke kun løst mysteriet om loftet, men havde også afsløret Halloween-magi - håbets kraft, forbindelsens glæde og modet til at følge sin nysgerrighed ind i det ukendte.

Og så blev Halloween i Willowbrook til en fejring af mere end bare kostumer og slik. Det var en tid til at samles, dele historier og drømme og huske den nysgerrige og modige dreng, der for altid havde ændret deres by med en lanterne og tre ønsker.

The Candy Monster Caper

Once upon a time in the whimsical town of Pumpkinville, Halloween was the most anticipated holiday of the year. Kids couldn't wait to don their spookiest costumes, go trick-or-treating, and indulge in mountains of candy. In this charming town, there was one particular legend that made Halloween even more thrilling: the legend of the Candy Monster.

The Candy Monster was rumored to be a creature with an insatiable sweet tooth, who came out only on Halloween night to steal candy from unsuspecting kids. The townsfolk would tell tales of wrappers rustling in the night and half-eaten candy bars found in the morning. Kids would shiver with excitement, half-fearing and half-hoping to catch a glimpse of the notorious Candy Monster.

This Halloween, a group of friends - Tim, Lucy, and Benny - decided to set a trap for the Candy Monster. They concocted an ingenious plan that involved a giant net, a bucket of chocolate truffles, and a walkie-talkie to signal each other. They were determined to outsmart the monster and protect their candy.

As the moon rose high in the sky and the night grew darker, the friends took their positions behind bushes, tree trunks, and even a hay bale. They waited with bated breath, candy at the ready. Tim held the walkie-talkie tightly, while Lucy and Benny clutched their net and truffle bucket.

Hours passed, and the trio started to get sleepy, nestled in their hideouts. Then, out of nowhere, a rustling noise echoed through the silent night. The Candy Monster was approaching! They held their breath and whispered into the walkie-talkie.

Lucy: "I see something moving near the pumpkin patch."

Tim: "Get ready, everyone!"

As the Candy Monster drew closer, they saw a silhouette with a lopsided stride and a shadowy figure clutching a candy bar. Their hearts raced, and their excitement grew.

The monster, whose face was obscured by a giant, wobbly marshmallow mask, began inching toward the candy stash. Lucy, Benny, and Tim couldn't contain their giggles any longer, and the bushes quivered with mirth.

The Candy Monster suddenly froze, turned around, and exclaimed, "Who goes there? I smell candy!"

Tim, disguising his voice through the walkie-talkie, replied, "Candy? I smell it too! Maybe it's hiding in the bushes."

The Candy Monster, with a comically exaggerated tiptoe, approached Tim's hiding spot. Just as the monster reached out to grab the hidden truffle bucket, Tim shouted, "Now!" The trio leaped out from their hiding places, armed with the net.

With a whoosh, they flung the net over the Candy Monster, who flailed helplessly, his marshmallow mask bouncing wildly. Underneath the mask, they discovered none other than their friend, Lily, who was notorious for her sweet tooth.

Lily, now revealed, couldn't help but burst into laughter. "I can't believe you caught me! I was trying to have a little extra candy fun."

They all laughed and realized that the Candy Monster had been one of them all along. Lily promised to share her ill-gotten candies, and the group spent the rest of the night telling spooky stories and enjoying their Halloween treats.

From that Halloween on, the legend of the Candy Monster in Pumpkinville took on a whole new twist. It wasn't about stealing candy anymore, but about sharing it with friends and having a good laugh. And, of course, everyone always remembered to wear their marshmallow masks for an extra touch of hilarity.

Slikmonsterets Spil

Engang i den eventyrlige by Pumpkinville var Halloween den mest ventede højtid på året. Børnene kunne slet ikke vente med at iføre sig deres uhyggeligste kostumer, gå knaldperler og lade sig forføre af bjerge af slik. I denne charmerende by eksisterede der en særlig legende, der gjorde Halloween endnu mere spændende: legenden om Slikmonsteret.

Slikmonsteret rygtedes at være et væsen med en uimodståelig sød tand, der kun kom frem på Halloween-natten for at stjæle slik fra intetanende børn. Byens folk fortalte historier om indpakninger, der raslede om natten, og halvspiste slikbarer, der blev fundet om morgenen. Børnene skælvede af spænding, halvt af frygt og halvt i håbet om at få et glimt af det berygtede Slikmonster.

Denne Halloween besluttede en gruppe venner - Tim, Lucy og Benny - at lægge en fælde for Slikmonsteret. De udtænkte en snedig plan, der involverede et kæmpe net, en spand fyldt med chokoladetrøfler og walkie-talkies for at kunne signalere hinanden. De var fast besluttede på at overliste monsteret og beskytte deres slik.

Da månen steg højt op på himlen, og natten blev mørkere, indtog vennerne deres positioner bag buske, træstammer og endda en høstak. De ventede med bated ånde, slik klar til brug. Tim holdt walkie-talkien tæt, mens Lucy og Benny krammede deres net og trøffelspand.

Timer gik, og trioen begyndte at blive søvnige, mens de lå skjulte i deres gemmesteder. Pludselig hørte de en raslende lyd, der genlød gennem den stille nat. Slikmonsteret nærmede sig! De holdt vejret og hviskede ind i walkie-talkien.

Lucy: "Jeg ser noget bevæge sig nær græskar-patchen."

Tim: "Gør jer klar, alle sammen!"

Da Slikmonsteret kom nærmere, så de en silhuet med en skæv gangart og en skyggeagtig skikkelse, der holdt fast i en slikbar. Deres hjerter begyndte at slå hurtigere, og spændingen voksede.

Monsteret, hvis ansigt var skjult af en kæmpe, vaklende skummaskering, begyndte at nærme sig slikdepotet. Lucy, Benny og Tim kunne ikke længere holde deres fnis tilbage, og buskene rystede af morskab.

Slikmonsteret standsede pludselig, vendte sig om og råbte: "Hvem er der? Jeg kan lugte slik!"

Tim, der skjulte sin stemme gennem walkie-talkien, svarede: "Slik? Jeg kan også lugte det! Måske gemmer det sig i buskene."

Slikmonsteret nærmede sig Tim's skjulested med en komisk overdrevet tåspadseren. Lige som monsteret nåede ud efter den skjulte trøffelspand, råbte Tim: "Nu!" Trioen kastede sig ud af deres skjulesteder, bevæbnet med nettet.

Med et hvæs kastede de nettet over Slikmonsteret, der tumlede hjælpeløst, og dets skummaske hoppede vildt. Under masken opdagede de ingen andre end deres ven Lily, der var berygtet for sin søde tand.

Lily, nu afsløret, kunne ikke lade være med at bryde ud i latter. "Jeg kan slet ikke tro, at I fangede mig! Jeg prøvede bare at få lidt ekstra sjov med slik."

Alle grinede og indså, at Slikmonsteret havde været en af dem hele tiden. Lily lovede at dele sit uærligt erhvervede slik, og gruppen tilbragte resten af natten med at fortælle uhyggelige historier og nyde deres Halloween-godter.

Fra den Halloween og fremefter tog legenden om Slikmonsteret i Pumpkinville en helt ny drejning. Det handlede ikke længere om at stjæle slik, men om at dele det med venner og have det sjovt. Og selvfølgelig huskede alle altid at bære deres skummasker for en ekstra sjov detalje.

www.ingramcontent.com/pod-product-compliance
Lightning Source LLC
Chambersburg PA
CBHW061401140726
47997CB00003B/1324